LE MONDE DU TEMPS

**Philippe
de La Cotardière**

circonflexe

Iconographie : Mathilde Moreau

Dessins (pp. 5, 6 et 7) : Jean-François Pénichoux

Crédits iconographiques :
(h = haut; m = milieu; b = bas; d = droite; g = gauche)
AKG (pp. 3, 4 h et b, 5 b, 16 h, 18 b, 24 b, 26 h, 29 bd, 32) - RMN (pp. 6 h, 8) - Musée de
la Civilisation gallo-romaine, Lyon (p. 9) - Dagli Orti (pp. 10, 18 mg, 24 h, 25 d, 26 b, 27) -
D.R. (pp. 11, 13, 19) - Artephot (pp. 12, 18 h et md, 22, 28 h et b, 29 bg) - Giraudon (pp.
14, 15, 23) - Edimedia (pp. 16 b, 17, 29 hg et hd, 30 b, 31 h) - IMA (pp. 20 h et b, 21, 25 g)
- Guillemot (p. 30 h) - Musée du Temps, Besançon (p. 31 b).

Imprimé en CEE
par Partenaires Fabrication
Dépôt légal : juin 1997
Loi n° 49-956 du 16 juillet 1949
sur les publications destinées à la jeunesse

L'Homme et la mesure du temps

*Cadran solaire portatif romain.
Pour lire l'heure, on plaçait
l'aiguille sur un rayon désignant
le mois considéré, puis on suspendait
l'appareil verticalement en le faisant
tourner jusqu'à ce que le Soleil pénètre
par un petit orifice ménagé dans
la tranche; un point lumineux
venait alors frapper l'aiguille
et marquer une ligne qui
indiquait l'heure.*

Les semaines, ponctuées de dimanches et parfois de fêtes, rythment notre travail et nos vacances. Dans certaines professions, l'activité dépend étroitement de la saison : c'est elle, notamment, qui fixe, pour les agriculteurs, le temps des semailles et celui des récoltes. Chaque jour, nous devons aussi respecter des horaires, par exemple pour ne pas arriver en retard en classe ou ne pas manquer un car ou un train.

Dès que les hommes ont commencé à avoir une vie sociale organisée, ils ont éprouvé le besoin de mesurer le temps pour régler leur activité quotidienne mais aussi pour situer des événements passés ou programmer des activités futures. C'est pourquoi, aussi loin qu'on remonte dans l'Histoire, on trouve mention de calendriers et d'instruments de mesure du temps.

Le Soleil et la Lune, qui s'imposent immédiatement au regard dans le ciel, ont constitué les premières horloges et, de leur observation attentive, sont nés les premiers calendriers et les premières unités de temps.

3

Le temps rythmé par les astres

Nous ignorons à quelle époque les hommes ont commencé à tirer parti de la régularité de certains phénomènes célestes pour mesurer le temps. Mais il est permis de supposer que, bien avant l'invention de l'écriture, nos lointains ancêtres, vivant au contact de la nature, avaient déjà remarqué les trois grands phénomènes astronomiques périodiques utilisables pour la mesure du temps : l'alternance du jour et de la nuit, la succession des phases de la Lune et le cycle des saisons.

Pendant des millénaires, la mesure du temps s'est appuyée sur des observations attentives des astres. Cette miniature indienne montre un astronome utilisant un astrolabe, instrument très employé au Moyen Age, qui permettait, entre autres, de connaître l'heure après avoir mesuré la hauteur de certaines étoiles sur l'horizon.

L'un des plus célèbres ensembles de mégalithes de l'époque préhistorique se trouve à Stonehenge, dans le sud de l'Angleterre. Erigé, semble-t-il, en trois étapes, entre 2400 et 1700 avant J.-C., il comporte des pierres dressées disposées en cercles concentriques, qui supportent à leur sommet des pierres horizontales. Il s'agissait peut-être d'un observatoire servant à l'établissement du calendrier.

Différents alignements permettaient de repérer la position du Soleil et de la Lune à leur lever et à leur coucher, à diverses époques de l'année. En particulier, dans la direction où se levait le Soleil le premier jour de l'été, se trouve un menhir d'une dizaine de mètres de haut, qui servait, pense-t-on, de mire.

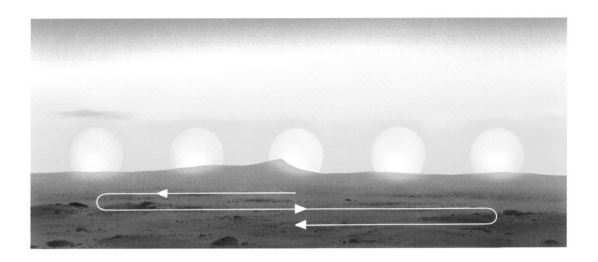

Dès la plus haute Antiquité, dans les plus anciennes civilisations dont nous possédons des vestiges, en Mésopotamie, en Egypte ou en Chine, se sont en tout cas imposées les trois unités naturelles de temps fondées sur ces phénomènes : le jour, le mois et l'année.

Au début du printemps, le Soleil se lève à l'est; au début de l'été, au nord-est; au début de l'automne, à nouveau à l'est; au début de l'hiver, au sud-est. En observant jour après jour le point de l'horizon où le Soleil se lève, les Anciens pouvaient recaler leur calendrier sur les saisons.

Les premiers calendriers ■

L'activité des premiers agriculteurs était réglée par le cycle des saisons. Très tôt, des observations répétées de la position du Soleil à son lever ou à son coucher, par rapport à un repère fixe situé à l'horizon (voir ci-dessus), ont montré que la durée de l'année était voisine de 365 jours. On a pu constater aussi que les phases de la Lune (voir p. 6) se répètent selon le même cycle tous les 29 à 30 jours. Cette période a servi de base à l'établissement des mois et du calendrier.

Calendrier agricole datant du VIIIᵉ siècle avant J.-C., retrouvé à Gezer, en Israël.

Tablette en terre cuite de l'époque séleucide mentionnant des observations astronomiques. L'étoile brillante représentée est l'Epi, dans la constellation de la Vierge.

Les premiers calendriers ont été fondés sur le cycle des phases de la Lune. Ils comportaient douze cycles complets de phases lunaires, soit 354 jours, répartis sur 12 mois de 29 ou 30 jours.

La Lune tourne autour de la Terre, avec un hémisphère éclairé par le Soleil et l'autre plongé dans la nuit. Selon sa position par rapport au Soleil, nous la voyons dans le ciel sous des aspects variés (ou phases) qui se reproduisent selon un cycle de 29,5 jours. Celui-ci a été à la base des premiers calendriers.

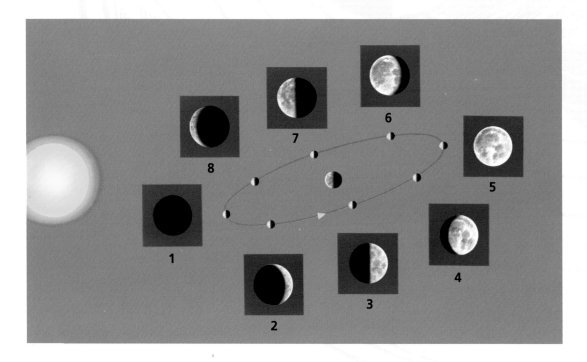

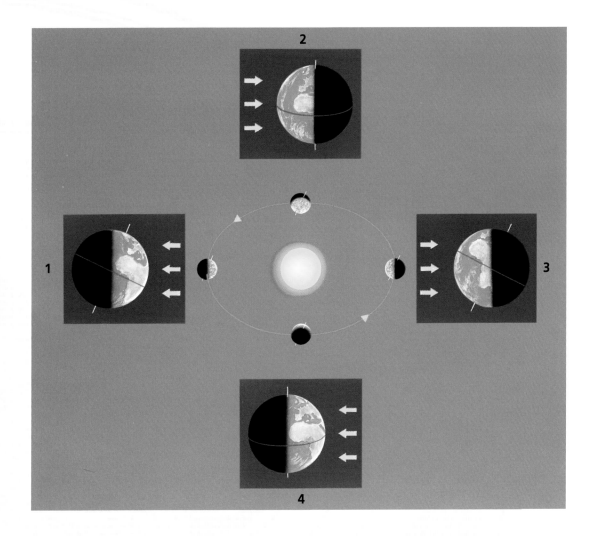

L'année est le temps que met la Terre à faire le tour du Soleil. Elle est divisée en saisons. Celles-ci résultent du fait que la Terre tourne sur elle-même autour d'un axe (l'axe des pôles) qui n'est pas perpendiculaire au plan dans lequel s'effectue son mouvement autour du Soleil mais incliné de 66,5° environ sur ce plan. Au solstice de juin (position 1, début de l'été dans l'hémisphère Nord), le pôle Nord est éclairé et l'hémisphère Nord a les nuits les plus courtes.

Au solstice de décembre (3, début de l'hiver dans l'hémisphère Nord), le pôle Nord est dans l'ombre et l'hémisphère Nord a les nuits les plus longues. Aux équinoxes de mars (2, début du printemps dans l'hémisphère Nord) et de septembre (4, début de l'automne dans l'hémisphère Nord), la limite de l'ombre et de la lumière passe exactement par les deux pôles et, sur toute la Terre, le jour et la nuit ont la même durée.

Mais les calendriers lunaires ont un grave défaut : l'année y est trop courte de plus de onze jours par rapport au temps réel que met la Terre pour faire le tour du Soleil.

En trois ans, l'écart dépasse déjà un mois. Ainsi, très rapidement, les mois dérivent à travers les saisons : une fête que l'on célébrait en hiver tombe au printemps, puis en été, etc.

Du calendrier vague au calendrier solaire ■

Un autre type important de calendrier se fonde sur une valeur approchée de la durée du cycle des saisons, déduite d'observations du Soleil. C'est le calendrier "vague", qui a été utilisé en Egypte pendant plus de 2 000 ans. L'année comporte 365 jours, répartis en douze mois de 30 jours auxquels s'ajoutent 5 jours complémentaires. Bien qu'il soit beaucoup mieux ajusté que le calendrier lunaire sur le temps que met la Terre pour faire le tour du Soleil, ce calendrier est encore légèrement trop court, d'un quart de jour environ. Le décalage atteint un mois en 120 ans. A long terme, le résultat est le même qu'avec le calendrier lunaire : les mois dérivent parmi les saisons.

Sur ce petit édifice religieux de l'Egypte ancienne, sont gravées les 36 périodes de dix jours du calendrier "vague".

La canicule ■

Quand il fait très chaud, l'été, on dit souvent que c'est la "canicule". Pour comprendre ce mot, il faut remonter à l'astronomie égyptienne, 2 000 à 3 000 ans avant J.-C. Les Egyptiens avaient remarqué que la montée des eaux du Nil, annonçant quatre mois d'inondations bienfaisantes pour l'agriculture, coïncidait avec la réapparition, à l'est, d'une étoile très brillante juste avant le lever du Soleil. Comme cette étoile semblait avertir les agriculteurs, les Egyptiens l'appelèrent "le chien". Plus tard, les Grecs gardèrent ce nom. Quand ils peuplèrent le ciel de héros ou d'animaux légendaires, ils imaginèrent que la fameuse étoile dessinait avec quelques autres la silhouette d'un grand chien. Puis les Romains conservèrent cet héritage et dénommèrent "canicula" (petite chienne) cette étoile très brillante (que nous appelons aujourd'hui Sirius). De là vient le mot canicule, qui désigna d'abord la période où la "petite chienne" se levait juste avant le Soleil. Cette période coïncidant, dans l'hémisphère Nord, avec des jours chauds de l'été, on a pris ensuite l'habitude d'appeler "canicule" toute période de grande chaleur.

Lorsque les observations astronomiques sont devenues plus précises, on a pu établir que la durée de l'année n'était pas exactement de 365 jours, mais plutôt voisine de 365 jours un quart. On a commencé alors à utiliser un calendrier où trois années consécutives ont 365 jours et la quatrième 366 jours : ainsi, sur quatre ans, la durée moyenne de l'année du calendrier est bien de 365 jours un quart. Ce type de calendrier est dit "solaire".

En 30 avant J.-C., l'empereur romain Auguste réforma de cette façon le calendrier égyptien (l'Egypte était alors devenue une province romaine).

Certains pays, enfin, ont utilisé des calendriers "luni-solaires". L'année comporte 365 ou 366 jours, comme dans les calendriers solaires, mais les mois sont réglés pour s'accorder au mieux avec les phases de la Lune, comme dans les calendriers lunaires.

A partir de 153 fragments retrouvés à Coligny (Ain), on a pu reconstituer un calendrier gaulois, gravé sur bronze, datant du IIe siècle.
De type luni-solaire, ce calendrier couvre une période de cinq ans. L'année comporte 12 mois de 29 ou 30 jours réglés sur les phases de la Lune et, tous les deux ans et demi, un mois supplémentaire pour maintenir la concordance avec les saisons. Les noms des mois de 30 jours sont généralement suivis de la mention MAT, qui signifierait "faste", et ceux de 29 jours de la mention ANMAT, qui signifierait "néfaste". Chaque mois est divisé en deux quinzaines, séparées par le mot ATENOUX, dont le sens est inconnu. Les Gaulois comptaient les jours à partir de la tombée de la nuit.

La longue histoire de notre calendrier

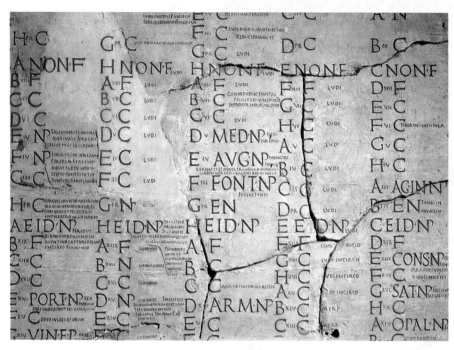

Fragment d'un calendrier romain de l'époque de l'empereur Auguste. Les jours sont désignés par les lettres A à H, selon des périodes de huit jours. Les lettres N, F et C désignent respectivement les jours néfastes, les jours fastes et les jours "comitiaux" (pendant lesquels pouvaient être convoqués les comices, assemblées générales du peuple).

Le calendrier utilisé de nos jours dans le monde entier a plus de deux mille ans d'histoire. Il dérive de celui qu'employaient les Romains. Celui-ci, à l'origine, ne comportait que 304 jours, répartis sur dix mois. Puis, on lui ajouta deux mois supplémentaires, auxquels correspondent à présent janvier et février. L'année compta alors 355 jours, divisés en douze mois qui commençaient à la nouvelle lune. Février avait la particularité d'être le mois le plus court, avec seulement 28 jours. Il terminait l'année, qui commençait alors en mars. Chaque mois était divisé en trois périodes : les "calendes" (le mot latin correspondant est à l'origine du mot "calendrier"), les "nones" et les "ides". Les dates s'exprimaient par le nombre de jours à courir jusqu'à la période suivante : on disait, par exemple, "le Xe jour avant les calendes de mars" ou "le VIe jour avant les ides de décembre".

Le calendrier romain avait l'inconvénient d'être trop court d'environ dix jours par rapport au temps que met la Terre pour faire le tour du Soleil. Au bout de trois ans, il manquait déjà l'équivalent d'un mois.

Ains...n mois comme celui de janvier, qu...était primitivement un mois d'hiver, devenait-il peu à peu un mois de printemps, puis d'été. Pour éviter que les mois ne se promènent parmi les saisons, on décida d'intercaler tous les deux ou trois ans un mois supplémentaire entre le 23 et le 24 février. Mais cette opération donna lieu à des abus : les chefs religieux chargés d'établir le calendrier décidaient de donner au mois intercalaire une durée plus ou moins longue suivant qu'ils voulaient favoriser les consuls en exercice ou leurs successeurs (les consuls étaient des chefs politiques élus pour un an, qui entraient en fonction le 1er janvier).

La réforme de César ■

Après son accession au pouvoir, Jules César décida donc de réformer le calendrier romain, en suivant les conseils que lui donna l'astronome Sosigène d'Alexandrie. L'objectif était de faire à peu près coïncider de façon permanente l'année du calendrier et celle des saisons. A l'époque, les observations astronomiques permettaient d'attribuer à l'année des saisons une durée de 365 jours un quart. Toutefois, il n'aurait pas été commode d'utiliser un

Jules César (101 ou 100 - 44 avant J.-C.) promulgua une réforme du calendrier romain en 46 avant J.-C.

Le commencement de l'année ▦

On peut choisir comme on veut la date du premier jour de l'année : sur la trajectoire de la Terre autour du Soleil, il n'y a aucun point privilégié qui permettrait de dire "ici commence l'année" ! C'est Jules César qui décida, lorsqu'il réforma le calendrier romain, en 46 avant J.-C., que l'année commencerait le 1er janvier. Mais au Moyen Age, après l'effondrement de l'Empire romain, on utilisa dans le monde chrétien d'autres dates, parce que l'Eglise ne voulait pas que l'année commence au début d'un mois qui honore une divinité païenne, Janus. Selon les époques, les Etats ou les provinces, l'année commença à Noël (25 décembre), à l'Annonciation (25 mars) ou à Pâques (ce dernier choix n'était guère pratique, puisque la date de Pâques varie d'une année à l'autre). En France, c'est le roi Charles IX qui rendit obligatoire, en 1564, la date du 1er janvier comme origine de l'année. En Grande-Bretagne, la date du 25 mars resta en usage jusqu'en 1751. Dans le calendrier républicain, instauré en France sous la Révolution, et qui fut en vigueur de 1793 à 1806, l'année commençait le premier jour de l'automne (anniversaire de la proclamation de la République), le 22, le 23 ou le 24 septembre.

Fragment d'un calendrier médiéval, concernant le mois de mars. Les dates sont exprimées comme chez les Romains. Le Bélier est le signe du zodiaque dans lequel le Soleil entre le premier jour du printemps.

Les noms des mois ■

Les noms des mois de notre calendrier dérivent de ceux du calendrier utilisé jadis dans l'Empire romain. Plusieurs mois tirent leur nom de la divinité à laquelle ils étaient consacrés : janvier, de Janus, dieu à deux têtes, l'une tournée vers l'avenir, l'autre vers le passé; février, de Februus, dieu des morts; mars, de Mars, dieu de la guerre; mai, de Maia, déesse mère de Mercure, ou de Maïus, dieu de la croissance; juin, de Junon, épouse de Jupiter. Deux autres mois honorent des empereurs : juillet, Jules César, et août, Auguste. Avril a une origine plus incertaine :

son nom vient peut-être du latin "aperire", ouvrir, parce qu'il correspond au mois où la Terre s'ouvre pour la végétation. Les autres mois ont un nom qui rappelle leur numéro d'ordre dans l'année : septembre vient de septième, octobre de huitième, novembre de neuvième et décembre de dixième. Cette numérotation se réfère au calendrier antérieur à Jules César, dans lequel l'année commençait le 1er mars. Depuis que le début de l'année a été fixé au 1er janvier, les quatre derniers mois du calendrier portent un nom qui ne reflète plus leur situation réelle.

calendrier qui ne comportait pas un nombre entier de jours.

César décida donc que l'année comporterait habituellement 365 jours mais que, tous les quatre ans, on lui ajouterait un jour supplémentaire : de cette façon, sur une période de quatre ans, sa durée moyenne serait bien de 365 jours un quart.

Logiquement, c'est au mois le plus court, février, que fut adjoint le jour supplémentaire. Mais les Romains étaient très superstitieux et pensaient que le mois de février, consacré au dieu des morts, devait absolument conserver un nombre pair de jours. Pour sauver les apparences, ils imaginèrent donc une astuce : le jour additionnel serait intercalé entre le 24 et le 25 février, mais on ne lui donnerait pas de nom. On considérerait seulement qu'il double le 24 février, le sixième jour avant les calendes de mars (en latin : "sextus ante calendas martii") : ce serait le "bis sextus...". De là vient le terme "bissextile", que l'on utilise pour caractériser l'année de 366 jours, mais, à présent, le jour supplémentaire est le 29 février.

Pour rétablir la concordance entre le calendrier et les saisons, César dut ajouter exceptionnellement deux mois à l'année, lors de sa réforme. Enfin, il décida que l'année commencerait dorénavant non plus le

1er mars mais le 1er janvier, date d'entrée en fonction des consuls. Le nouveau calendrier entra en vigueur le 1er janvier de l'an 45 avant J.-C.

En France, chaque année bissextile, paraît le 29 février un journal humoristique intitulé "La bougie du sapeur".

La réforme du pape Grégoire XIII ■

S'il représentait une amélioration indiscutable, le calendrier de Jules César (dit "julien") n'était cependant pas parfait. Il attribuait à l'année une durée légèrement plus longue que celle du mouvement de la Terre autour du Soleil.

Bien qu'elle ne fût que de onze minutes environ par an, cette différence, en s'accumulant, avait des conséquences fâcheuses. L'Eglise catholique fut la première à s'en émouvoir : au IVe siècle, elle avait fixé une règle permettant à la fête de

Le mois de février, miniature extraite des "Très Riches Heures du duc de Berry" (1585).
En cette période de l'hiver, en France, souvent marquée par d'abondantes chutes de neige,
le Soleil (en haut) parcourt dans le zodiaque les signes du Verseau (à gauche) et des Poissons (à droite).

Pâques d'être toujours célébrée le dimanche suivant la première pleine lune du printemps. Or, avec le calendrier julien, Pâques finirait par se célébrer au cœur de l'été ! C'est ce qui justifia une nouvelle réforme, promulguée en 1582 par le pape Grégoire XIII (d'où le nom de calendrier "grégorien" donné au calendrier ainsi réformé).

Pour annuler la dérive du calendrier survenue depuis le IVe siècle, le pape décida que l'année 1582 serait amputée de dix jours. Et, pour qu'il n'y ait plus de nouvelle dérive à l'avenir, il ajouta que, parmi les années dont le millésime se termine par 00 (par exemple 1600, 1700...), seules seraient dorénavant bissextiles celles dont le millésime est divisible par 400, soit une sur quatre : ainsi, 1700, 1800 et 1900 ont été des années ordinaires de 365 jours, mais 2000 sera une année bissextile.

Présentation au pape Grégoire XIII des travaux de la commission de réforme du calendrier julien. Elu pape en 1572, Grégoire XIII mit en application une délibération du concile de Trente (1545-1562) et chargea le médecin et astronome italien Luigi Lilio de travailler à la réforme du calendrier julien.

Lilio prépara un projet, mais mourut malheureusement trop tôt pour le voir aboutir. Le travail fut alors confié à une commission composée de plusieurs savants. Finalement, la réforme fut promulguée par le pape le 25 février 1582. Elle est à l'origine du calendrier actuel d'usage international.

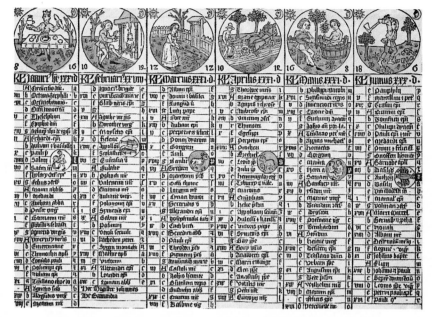

Fragment d'un calendrier allemand de 1468, donnant la succession des jours des mois de janvier à juin inclus. Une vignette colorée indique, chaque mois, la date d'entrée du Soleil dans un nouveau signe du zodiaque.

A Rome, en Espagne et au Portugal, la réforme entra en vigueur dès le début d'octobre 1582 : le lendemain du jeudi 4 octobre fut le vendredi 15. En France, elle fut adoptée en décembre. En règle générale, les Etats catholiques s'y rallièrent assez vite. Mais, dans les pays protestants, on préféra longtemps conserver un calendrier erroné plutôt que d'obéir aux instructions du pape. La réforme ne prit effet que vers 1700 dans les provinces protestantes des Pays-Bas, d'Allemagne et de Suisse, et qu'en 1752 en Grande-Bretagne, où la suppression de onze jours donna lieu à des émeutes populaires. Les pays de tradition orthodoxe ont conservé le calendrier julien jusqu'au vingtième siècle : le calendrier grégorien ne fut adopté qu'en 1918 par l'U.R.S.S. et il fallut alors retrancher treize jours à l'année. Au Japon, le calendrier grégorien a été adopté en 1873, et en Chine en 1911. Son usage est désormais universel, tout au moins pour les actes officiels et dans la vie quotidienne.

Calendrier de l'année 1897 publié à l'occasion de la visite en France du tsar Nicolas II de Russie et de son épouse.

16

Une réforme impossible ■

D'un point de vue strictement économique, notre calendrier n'est pas idéal : le nombre de jours de travail oscille entre 24 et 27 par mois, sans tenir compte des fêtes et des ponts ; les trimestres ont des durées inégales ; la mobilité de la date de Pâques perturbe la vie économique et l'année scolaire ; enfin, d'une année à l'autre, on ne retrouve pas à une date donnée le même jour de la semaine. Depuis le XVIIIe siècle, de nombreux projets de réforme ont été imaginés pour remédier à ces inconvénients ; mais aucun ne sera probablement jamais adopté car tout le monde a pris maintenant l'habitude d'utiliser le calendrier grégorien. L'exemple du calendrier républicain, imposé en France sous la Révolution, est révélateur : on dut l'abolir au bout de treize ans parce que la population ne l'avait jamais accepté.

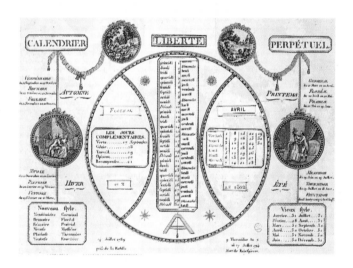

Dans le calendrier républicain institué en France sous la Révolution, on comptait les années (en chiffres romains) à partir du 22 septembre 1792, date de la proclamation de la république. Les mois portaient des noms évoquant la dominante climatique ou agricole de la période à laquelle ils se rapportaient, avec une terminaison différente selon la saison. Chaque mois était divisé en trois périodes de dix jours appelées décades.

L'ère chrétienne ■

Dans le calendrier grégorien, les années sont comptées à partir de la naissance de Jésus-Christ. L'année même de cette naissance n'est pas notée habituellement 0 mais 1 : avec cet usage, le Ier siècle a commencé le 1er janvier de l'an 1 pour s'achever le 31 décembre de l'an 100, le IIe siècle s'est achevé le 31 décembre de l'an 200, etc. et le XXe siècle s'achèvera le 31 décembre de l'an 2000.

Les scientifiques ont l'habitude de compter négativement les années avant Jésus-Christ en appelant 0 celle qui précède l'an 1 après J.-C. Avec cette notation, l'an -2 est l'an 1 avant J.-C., l'an -3 est l'an 2 avant J.-C., etc.

C'est un moine scythe, Denys le Petit, qui, en 525, a proposé d'introduire cette chronologie chrétienne. En fait, on sait aujourd'hui qu'il s'est trompé dans ses calculs de l'année de naissance de Jésus et que celle-ci a vraisemblablement eu lieu quelques années plus tôt.

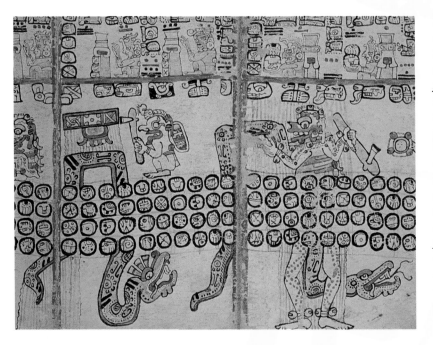

Fragment d'un almanach maya du XIIIᵉ siècle. Civilisation d'Amérique centrale, florissante de 2000 avant J.-C. à 1500 après J.-C., les Mayas comptaient les jours indépendamment des phénomènes astronomiques, en combinant deux calendriers, l'un rituel, le tzolkin, de 260 jours (20 périodes de 13 jours), l'autre solaire, le haab, de 365 jours (18 mois de 20 jours et 1 mois de 5 jours).

A . Calendrier solaire en pierre, dans l'ancienne cité inca de Machu Picchu, au Pérou.

B . Sur cet extrait d'une page du "Codex Borbonicus" figurent plusieurs jours du calendrier rituel des Aztèques.

A

B

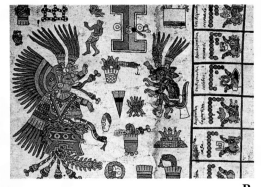

Calendrier aztèque. Ancien peuple du Mexique, dont la civilisation a disparu, comme celle des Mayas, après la conquête de l'Amérique par les Espagnols, au début du XVIᵉ siècle, les Aztèques utilisaient, eux aussi, un calendrier rituel de 260 jours et un calendrier solaire de 365 jours. Dans le cycle de 52 ans résultant de la combinaison de ces deux calendriers, les années pouvaient prendre quatre noms différents : acatl (roseau), tecpatl (pierre), calli (maison) et tochtli (lapin). Le monument ci-contre comporte de multiples symboles. Le Soleil est représenté au centre et, sur l'une des bandes circulaires qui l'entourent, sont gravés les signes caractéristiques des 20 périodes du calendrier rituel.

Les calendriers du monde

Avec le développement des échanges commerciaux et des communications entre les pays, il était indispensable que tous les événements du monde soient répertoriés sur le même calendrier. Le calendrier grégorien est devenu la référence internationale, mais d'autres calendriers, religieux ou traditionnels, n'en restent pas moins très utilisés.

Le calendrier liturgique chrétien ■

Dans la religion chrétienne, on utilise le calendrier grégorien avec un certain nombre de fêtes religieuses fixes (par exemple la Toussaint, le 1er novembre, ou Noël, le 25 décembre) ou mobiles (Pâques, l'Ascension, la Pentecôte, etc.). Les fêtes religieuses mobiles s'articulent autour de la fête de Pâques, qui célèbre la résurrection du Christ. Une règle édictée au IVe siècle permet de calculer la date de Pâques d'après celle du début du printemps et d'après les phases de la Lune. Selon les années, Pâques peut ainsi occuper trente-cinq dates diffrentes, tombant au plus tôt le 22 mars et au plus tard le 25 avril. L'Ascension est célébrée 39 jours après Pâques, la Pentecôte 49 jours après Pâques, etc.

Le calendrier juif ■

Autre calendrier religieux très employé, le calendrier juif est un calendrier luni-solaire. L'année comporte tantôt douze mois (année

Une semaine d'un mois du calendrier juif (celui de nissane) et sa concordance avec le calendrier grégorien.

commune), tantôt treize (année embolismique). Une année commune compte 353, 354 ou 355 jours et une année embolismique 383, 384 ou 385. Ces années sont organisées en un cycle de dix-neuf ans au terme duquel les phases de la Lune se reproduisent aux mêmes dates.

L'année commence le 1er Tishri, en septembre ou en octobre, et la fête correspondante s'appelle Rosh Ha-Shanah. Neuf jours plus tard est célébré le Yom Kippour (Grand Pardon). Les années sont comptées à partir de l'an 3761 avant J.-C., considéré comme étant celui de la création du monde.

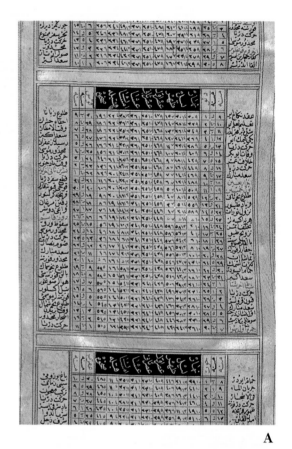

A

Le calendrier musulman ■

L a religion musulmane a aussi son calendrier, qui est purement lunaire. L'année comporte exactement douze cycles de phases de la Lune et s'achève toujours au moment d'une nouvelle lune. Sur une période de 30 ans, alternent des années de 354 et de 355 jours. Par rapport au calendrier grégorien, l'année commence de 10 à 12 jours plus tôt chaque année.

Elle débute le 1er Muharram. La fuite de Mahomet (le fondateur de l'Islam) à Médine, ou "hégire", qui eut lieu le 16 juillet 622, est l'événement à partir duquel sont comptées les années. La fête

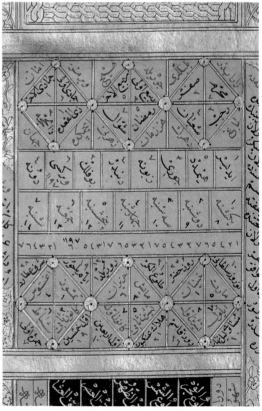

B

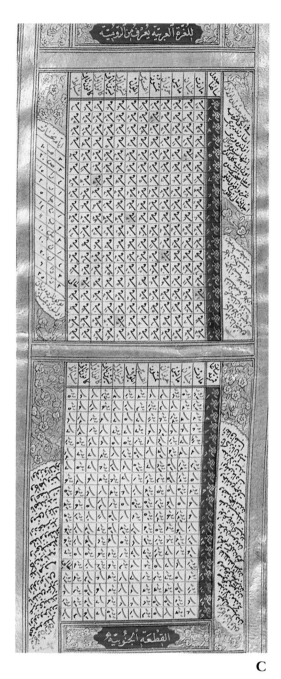

C

Trois détails (A,B,C) d'un calendrier perpétuel musulman. Etabli en 1760-61, ce calendrier comporte une série de tables permettant, sur une période de 80 ans environ, de trouver le jour de la semaine correspondant au premier jour de chaque mois du calendrier musulman, la concordance des dates de ce calendrier avec celles du calendrier grégorien, l'horaire des cinq prières quotidiennes de la religion musulmane pour une date donnée, etc.

commémorant cet événement est célébrée le premier jour du troisième mois de l'année (Rabi al-awwal). Le neuvième mois (Ramadan), les Musulmans ne doivent rien manger du lever au coucher du Soleil. Comme les Juifs, les Musulmans comptent les jours à partir du coucher du Soleil du jour précédent.

Le calendrier chinois ■

Dans les pays d'Extrême-Orient, des calendriers d'origine très ancienne sont encore employés. Le plus célèbre est le calendrier traditionnel chinois. Luni-solaire, il comprend douze ou treize mois de 29 ou 30 jours. Les années de douze mois et celles de treize mois se répartissent sur un cycle de dix-neuf ans. Le début de l'année varie entre le 21 janvier et le 20 février. L'année est divisée en vingt-quatre sections, marquées par vingt-quatre positions particulières du Soleil sur le zodiaque. Chaque date est repérée simultanément dans deux systèmes : dix "troncs célestes", dont les noms sont intraduisibles, et douze "branches terrestres", portant chacune le nom d'un animal (rat, bœuf, tigre, lièvre, dragon, serpent, cheval, chèvre, singe, coq, chien, porc). La combinaison des deux systèmes fait qu'au bout de 60 jours les dates se reproduisent avec les mêmes noms et dans le même ordre (60 est le plus petit nombre qui puisse être divisé à la fois par 10 et par 12). Depuis la dynastie des empereurs Han, vers 140 avant J.-C., les douze noms d'animaux servent aussi à désigner les années : ainsi, se succèdent l'année du rat, celle du bœuf, etc.

Zodiaque chinois avec la représentation des douze animaux mythiques : le rat, le bœuf, le tigre, le lièvre, le dragon, le serpent, le cheval, la chèvre, le singe, le coq, le chien et le porc.

Le calendrier hindou ◼

En Inde, on utilise un calendrier traditionnel luni-solaire. L'année comprend 12 mois coïncidant chacun avec le temps que le Soleil met à parcourir l'un des signes du zodiaque. Elle commence avec l'entrée du Soleil dans le signe du Bélier (21 ou 22 mars). Elle est divisée en six saisons de deux mois : le printemps, l'été, la saison des pluies, l'automne, l'hiver et la saison de la rosée. Chaque mois comprend 30 ou 31 jours. La date d'un événement s'exprime par le nom du mois, la quinzaine (en précisant si la Lune est croissante ou décroissante, c'est-à-dire si sa partie éclairée visible augmente ou diminue), le rang du jour dans la quinzaine et le rang de l'année depuis l'origine choisie : au nord de l'Inde, les années sont comptées à partir du 23 février de l'an 57 avant J.-C. (ère samvat); au Bengale et au sud de l'Inde, à partir du 3 mars de l'an 78 après J.-C. (ère saka). On mentionne aussi parfois le rang de l'année dans un cycle de 12 ans qui correspond approximativement au temps que met Jupiter à faire le tour du Soleil (donc à réapparaître à la même position dans le ciel) ou dans un cycle de 60 ans englobant cinq des périodes précédentes. Le 22 mars 1957, le gouvernement indien a instauré comme calendrier officiel un calendrier grégorien dont le point de départ est l'ère saka.

Calendrier traditionnel chinois.
Il est fondé sur un cycle de 60 années ayant pour origine l'an 2697 avant J.-C.
Le cycle actuel est le 79ᵉ depuis l'origine ; il couvre les années 1984 à 2044 de l'ère chrétienne.

La conquête de la précision

Cadrans solaires de l'Égypte ancienne. Celui de droite est un cadran mural classique, où l'ombre du style se projetait sur une surface plane; celui de gauche, un cadran portatif, où l'heure était indiquée par l'ombre de l'arête verticale sur la partie inclinée.

Depuis l'Antiquité, les progrès de la mesure du temps ont accompagné ceux de l'astronomie : par des observations célestes de plus en plus fines, on a pu connaître de plus en plus précisément la durée de l'année et celle du jour. Parallèlement, le développement des techniques a permis de mettre au point des instruments mesurant de manière de plus en plus précise des intervalles de temps de plus en plus brefs.

Horloge solaire romaine. L'heure était indiquée par l'ombre de la tige supérieure.

Les cadrans solaires ■

Très tôt, on a remarqué que l'ombre d'un bâton planté en terre varie au cours de la journée et qu'elle est la plus courte à midi. Sur ce principe a été construit le "gnomon", cadran solaire primitif constitué d'une simple tige verticale qui permet de lire l'heure d'après la longueur de l'ombre qu'il projette sur un plan horizontal :

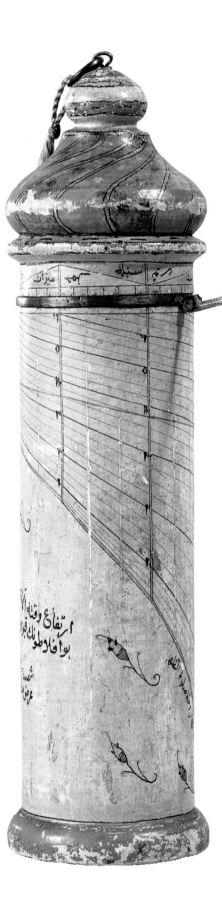

Horloge de berger du XVIIIe siècle.
Ce petit cadran solaire à style rabattable
pouvait aisément être emporté dans une poche
et était utilisé, notamment, par les bergers,
d'où son nom.

l'obélisque en est une illustration. Plus tard, les Egyptiens inventèrent le "polos", appelé "scaphé" par les Grecs, où l'ombre est projetée non plus sur un plan mais sur une portion de sphère. Largement utilisé dans l'Antiquité gréco-romaine, le cadran solaire n'a vraiment gagné en précision qu'avec la mise au point par les Arabes, au XIVe siècle, du cadran à tige inclinée (selon la latitude du lieu où il est utilisé).

Cadran solaire
de la cathédrale
de Chartres,
daté de 1578,
mais soutenu
par un ange
du XIIe siècle.

Les clepsydres ∎

Rudimentaires ou perfectionnés, les cadrans solaires n'indiquent l'heure que pendant la journée (et par temps ensoleillé). Afin de disposer d'un instrument utilisable la nuit, les Egyptiens eurent l'idée d'utiliser les indications horaires données, le jour, par le gnomon, pour graduer en intervalles de temps le lent écoulement de l'eau d'un récipient dans un autre. Ils inventèrent ainsi l'horloge à eau, nommée plus tard "clepsydre" par les Grecs.

La plus ancienne clepsydre conservée au musée du Caire remonte à 3 500 ans avant J.-C. Les premières clepsydres étaient très simples : elles étaient formées d'un récipient en albâtre, percé d'un trou à la base; le niveau du liquide dans le récipient indiquait l'heure. Malgré leur simplicité, elles étaient difficiles à graduer et à régler : le débit dépendait de la hauteur du liquide et, pour tenter de compenser cette variation, on donnait au récipient une forme évasée; de plus, on avait alors l'habitude de partager le jour et la nuit chacun en douze parties égales : les heures du jour et celles de la nuit n'avaient donc pas la même durée.

Au IVe siècle avant J.-C., le savant grec Ctésibios d'Alexandrie apporta un perfectionnement important en inventant la clepsydre à flotteur, dont le débit est constant.

Clepsydre grecque, sur le site du sanctuaire d'Amphiaraos, près de la cité antique d'Oropos. Vue du réservoir qui contenait l'eau dont l'écoulement matérialisait celui du temps. L'heure était indiquée par le niveau d'un flotteur.

Clepsydre en terre cuite du Ve siècle avant J.-C., d'une contenance de 6,4 litres, qui était utilisée à Athènes pour mesurer le temps dans les tribunaux.

Les clepsydres ne servaient pas seulement à remplacer les cadrans solaires la nuit ou par temps couvert. Dans les tribunaux romains, on les utilisait pour limiter les temps de plaidoirie des avocats. Certaines clepsydres perfectionnées indiquaient l'heure sur un cadran, au moyen d'une aiguille mue par des rouages entraînés par l'écoulement de l'eau. En 807, le calife Haroun al-Rachid offrit à Charlemagne une clepsydre qui sonnait les heures en laissant tomber des billes dans un bassin de bronze.

Le sablier ■

P lutôt que de laisser s'écouler de l'eau, on peut, pour mesurer le temps, laisser s'écouler du sable : c'est le principe du sablier, qui aurait été inventé au VIII⁰ siècle par un moine de Chartres. Le sable a l'avantage de ne pas geler quand il fait très froid, mais il faut le maintenir à l'abri de l'humidité dans un récipient hermétique en verre. S'il se prête mieux que la clepsydre à la mesure des courtes durées, le

Sablier de marine du XVI⁰ siècle.

sablier n'est pas pratique, en revanche, pour mesurer les longs intervalles de temps, car il faut le retourner souvent. Aussi a-t-on tenté de le remplacer ensuite par des dispositifs où l'écoulement du temps était figuré par la combustion d'une chandelle ou d'une certaine quantité d'huile contenue dans un récipient. Mais ces horloges à feu n'eurent pas un très grand succès, car elles étaient mal commodes et dangereuses.

Horloge à huile du XVIII' siècle.

Cadran d'une horloge astronomique réparée par le savant français Oronce Fine au milieu du XVI' siècle.

Les horloges mécaniques ▪

À la fin du XIIIᵉ siècle, la panoplie des instruments de mesure du temps s'enrichit avec l'apparition des premières horloges mécaniques, dont les rouages sont actionnés par la chute d'un poids. Très peu précises, ces premières horloges varient fréquemment de plus d'une heure par jour. Elles sonnent les quarts et les heures, mais n'affichent pas encore l'heure sur un cadran. Les premiers cadrans apparaissent vers le XVᵉ siècle. Ils ne comportent qu'une seule aiguille, qui indique les heures. L'aiguille des minutes n'est introduite qu'au XVIIᵉ siècle. Pour entretenir le mouvement des aiguilles, l'horloge doit renfermer un dispositif oscillateur. D'abord très rudimentaire, il connaît un perfectionnement important avec l'invention du pendule, puis celle du ressort spiral, qui permettent de fabriquer des horloges beaucoup plus précises : elles n'avanceront ou ne retarderont plus désormais que de quelques minutes par jour.

Horloge hollandaise du XVIIIᵉ siècle.

Horloge de l'époque Louis XV construite par l'horloger suisse Ferdinand Berthoud.

▲ *Située au cœur d'un quartier commerçant de Venise, l'horloge de l'église San Giacometto di Rialto (XIVᵉ siècle) indiquait l'heure à la foule des marchands.*

◀ *Le Gros-Horloge, à Rouen, date de la fin du XIVᵉ siècle et son cadran ne comporte qu'une seule aiguille, qui indique les heures.*

Montres et chronomètres ■

Dès le XIVe siècle, apparaisent les premières horloges portatives, que l'on peut déplacer avec soi et montrer sur ses vêtements. Ces montres de poche se généralisent au XVIe siècle et, au XVIIe, on leur donne des formes très diverses : fleurs, animaux, crucifix, etc. Leur usage reste toutefois limité à une élite de gens fortunés.

Le développement de la navigation impose, par ailleurs, de disposer d'horloges de précision pour permettre aux marins de calculer correctement leur position en mer.

Après la perte d'une partie de sa flotte au large des îles Scilly, l'Angleterre propose en 1714 une récompense de 20 000 livres pour la construction d'une horloge qui dé-

Montre construite à la fin du XVIe siècle.

A l'arrière-plan, premier chronomètre de marine construit par l'Anglais John Harrison. Devant, versions ultérieures, plus précises et miniaturisées, dont l'une (à droite) est identique à celle qu'emporta le navigateur James Cook dans son voyage en Antarctique (1772-1775).

rivera de moins de deux minutes sur la durée d'un voyage aller et retour aux Indes. L'incertitude sur la position d'un bateau en mer pourra ainsi être inférieure à 30 milles nautiques, soit 56 kilomètres. Le prix est remporté en 1761 par l'horloger John Harrison, dont le chronomètre dérive de cinq secondes seulement au bout de neuf semaines de navigation.

Décalage horaire ■

Autrefois, chaque ville avait son heure particulière, réglée sur le Soleil. Dans la seconde moitié du XIXᵉ siècle, avec le développement des chemins de fer, il est devenu nécessaire de mettre au point un système plus simple. C'est ainsi qu'en 1884 a été instauré le système des fuseaux horaires : la surface de la Terre a été divisée en 24 fuseaux de 15° de longitude, à l'intérieur desquels une même heure est employée (avec de petits ajustements éventuels). On a choisi pour origine des longitudes le méridien qui passe par l'ancien observatoire de Greenwich, près de Londres, en Angleterre. Chaque fois qu'on change de fuseau horaire, on doit, en principe, avancer ou retarder sa montre d'une heure, selon qu'on se déplace vers l'est ou vers l'ouest.

Horloge géographique construite vers 1840 et qui indiquait l'heure dans 57 villes du monde avant l'adoption des fuseaux horaires.

De l'horloge électrique à l'horloge atomique ■

Depuis le XIXᵉ siècle, la précision des instruments de mesure du temps n'a cessé de s'accroître. Vers 1840, sont apparues les premières horloges électriques. Aujourd'hui, nous sommes entrés dans l'ère de l'horlogerie électronique, qui utilise des composants électroniques tels que les transistors, et dans celle de l'horlogerie à quartz, dont un organe essentiel est un minuscule barreau de quartz vibrant à une fréquence extrêmement stable. La première montre à quartz à aiguilles a été présentée en 1967, puis en 1971 est apparue la montre à quartz numérique, dépourvue d'aiguilles, qui affiche l'heure sous forme de chiffres luminescents.

Les horloges les plus précises, utilisées dans les laboratoires de recherche, sont des horloges atomiques (ou moléculaires), qui fonctionnent en utilisant comme étalon de temps les vibrations d'atomes (ou de molécules). La première horloge atomique a été construite en 1955. Les plus précises en service aujourd'hui avanceront ou retarderont de moins d'une seconde après 300 000 ans de fonctionnement !

Première montre à quartz Lip (1971).

Lexique

Année

Temps que met la Terre pour faire le tour complet du Soleil. Sa durée est très voisine de 365 jours un quart.
Période de douze mois du calendrier correspondant approximativement à la durée précédente.

Bissextile

Se dit d'une année du calendrier qui comporte 366 jours au lieu de 365. Sauf exception, les années sont bissextiles tous les 4 ans, lorsque leur millésime est divisible par 4.

Cadran solaire

Surface portant des divisions qui correspondent aux heures du jour et sur laquelle l'heure est indiquée par l'ombre d'une tige (appelée style) éclairée par le Soleil.

Calendrier

Système de division du temps en années, mois et jours. Dans le calendrier lunaire, les mois sont réglés sur les phases de la Lune et l'année comporte 354 jours. Dans le calendrier vague, l'année comporte 365 jours. Dans le calendrier solaire, fondé sur le cycle des saisons, l'année comporte tantôt 365 jours, tantôt 366. Dans le calendrier luni-solaire, les mois sont réglés sur le cycle des phases de la Lune, mais des ajustements ont lieu pour que les mois ne dérivent pas parmi les saisons.

Clepsydre

Horloge antique, qui mesurait le temps par un écoulement régulier d'eau dans un récipient gradué.

Fuseau horaire

Chacune des 24 divisions imaginaires de la surface de la Terre, en forme de fuseau, à l'intérieur de laquelle les points ont tous, en principe, la même heure légale.

Horloge

Autrefois, tout appareil qui servait à mesurer le temps. Aujourd'hui, appareil généralement fixe et de dimension importante, qui sert à mesurer le temps.

Phase de la Lune

Chacun des différents aspects sous lesquels la Lune apparaît dans le ciel en fonction de l'angle qu'elle forme avec le Soleil. Le cycle des phases de la Lune dure 29,5 jours environ (lunaison ou mois lunaire).

Sablier

Appareil portatif de mesure du temps, constitué de deux récipients superposés en verre, dont l'un est rempli de sable fin, et communiquant par un étroit conduit. Le sable met un temps déterminé à passer d'un récipient dans l'autre; après quoi, il faut retourner le sablier.